梁拱组合连续刚构桥
设计指南

赖亚平　陈晓虎　宋鹏飞　李亚勇／主编

重庆大学出版社

内容提要

本指南以我国交通运输部最新颁布的技术标准和技术规范为依据,系统地介绍了梁拱组合连续刚构桥设计过程中需要考虑的关键技术和有关要点。本指南基于通用的工程建设理论及原则编制,共 12 章,主要内容包括总则、术语和符号、材料、基本规定、作用、结构计算一般规定、持久状况承载能力极限状态和正常使用极限状态计算、构件应力计算、结构构造一般规定、施工措施和技术要求,以及施工监控技术要求。

本指南可供桥梁工程设计、施工、管理等工程技术人员参考使用。

图书在版编目(CIP)数据

梁拱组合连续刚构桥设计指南／赖亚平等主编. --

重庆：重庆大学出版社,2023.1

ISBN 978-7-5689-3686-6

Ⅰ.①梁… Ⅱ.①赖… Ⅲ.①拱桥—组合梁桥—连续

刚构桥—桥梁设计—指南 Ⅳ.①U448.23-62

中国国家版本馆 CIP 数据核字(2023)第 006883 号

梁拱组合连续刚构桥设计指南
LiangGong ZuHe LianXu GangGou Qiao SheJi ZhiNan

赖亚平 陈晓虎 宋鹏飞 李亚勇 主编

责任编辑:林青山 版式设计:夏 雪
责任校对:邹 忌 责任印制:赵 晟

＊

重庆大学出版社出版发行

出版人:饶帮华

社址:重庆市沙坪坝区大学城西路 21 号

邮编:401331

电话:(023) 88617190 88617185(中小学)

传真:(023) 88617186 88617166

网址:http://www.cqup.com.cn

邮箱:fxk@ cqup.com.cn(营销中心)

全国新华书店经销

重庆巍承印务有限公司印刷

＊

开本:787mm×1092mm 1/16 印张:4.5 字数:53 千

2023 年 1 月第 1 版 2023 年 1 月第 1 次印刷

ISBN 978-7-5689-3686-6 定价:39.00 元

编委会

主编单位：林同棪国际工程咨询（中国）有限公司

　　　　　中建隧道建设有限公司

主　　编：赖亚平　陈晓虎　宋鹏飞　李亚勇

副 主 编：邓　宇　刘安双　马振栋　陈胜凯

　　　　　谭芝文

参编人员：乔云强　闫福成　陈家勇　陈培新

　　　　　李　璘　郑光琴　肖　奎　吴后伟

　　　　　王　帆　张　羽　周学勇　张　斌

　　　　　秦宗琛　王　蓬

前　言

　　根据重庆市技术创新与应用示范项目(社会民生类重点研发项目)"大跨径梁拱组合刚构桥建设关键技术研究与应用示范"要求,在梁拱组合连续刚构桥设计及施工技术和相关科研成果的基础上,以完善和提升梁拱组合连续刚构桥设计技术为核心,以推广应用该类新桥型、新结构、新技术为目的,完成了本指南的编制工作。

　　本指南分为 12 章,主要内容包括:1 总则、2 术语和符号、3 材料、4 基本规定、5 作用、6 结构计算一般规定、7 持久状况承载能力极限状态计算、8 持久状况正常使用极限状态计算、9 持久状况和短暂状况构件的应力计算、10 结构构造一般规定、11 施工措施和技术要求、12 施工监控技术要求。

　　本指南基于通用的工程建设理论及原则编制,适用于本指南提出的应用条件。对于某些特定专项应用条件,在使用本指南相关条文时,应对其适用性及有效性进行验证。

　　本指南由林同棪国际工程咨询(中国)有限公司负责具体技术内容的解释,在执行过程中如有意见或建议,请函告本指南日常管理组,联系单位:林同棪国际工程咨询(中国)有限公司(地址:重庆市渝北区高新园芙蓉路6号;邮编:401121;电话:023-67033073;传真:023-67033091;电子邮箱:yanfucheng@ tylin. com. cn),以便修订时研用。

编　者

目　录

1 总　则

1.0.1　为规范公路梁拱组合连续刚构桥设计,按照技术先进、安全可靠、耐久适用、经济合理、协调美观的原则制定本指南。

1.0.2　本指南适用于跨径为 150～300 m 的公路梁拱组合连续刚构桥的设计。

1.0.3　本指南按现行《公路工程结构可靠性设计统一标准》(JTG 2120)规定的设计原则编制。

1.0.4　公路梁拱组合连续刚构桥设计应积极稳妥地应用新技术、新材料和新工艺。

1.0.5　公路梁拱组合连续刚构桥结构设计除应符合本指南的规定外,尚应符合国家和行业现行有关标准的规定。

2　术语和符号

2.1　术语

2.1.1　梁拱组合连续刚构桥

一种将常规连续刚构和上承式拱相结合,形成推力平衡受力体系,改善跨中下挠、腹板开裂病害,提高结构刚度,实现更大跨越能力的新型组合结构桥梁。

2.1.2　上弦梁

梁拱组合连续刚构桥的梁拱倒三角区空腹段顶部直接承受车辆荷载的平直梁段。

2.1.3　下弦拱

梁拱组合连续刚构桥的梁拱倒三角区空腹段下部连接上弦梁与主墩之间的曲线拱段。

2.1.4 梁拱结合段

梁拱组合连续刚构桥的梁拱倒三角区空腹段上弦梁、下弦拱交汇后至常规梁段之间的节段。

2.1.5 临时斜拉扣挂法

采用临时扣塔、扣索扣住上弦梁和下弦拱形成斜拉扣挂体系,利用扣挂体系调整上弦梁、下弦拱的受力状态,以满足规范要求的施工方法。

2.1.6 斜行挂篮

带有止推装置,适用曲线下弦拱段施工的挂篮。

2.2 符号

2.2.1 材料性能

E_c、G_c——混凝土弹性模量、剪切变形模量;

E_s、E_p——普通钢筋、预应力钢筋的弹性模量;

f_{ck}、f_{cd}——混凝土轴心抗压强度标准值、设计值;

f_{pk}、f_{pd}——预应力钢筋抗拉强度标准值、设计值;

f'_{sd}、f'_{pd}——普通钢筋、预应力钢筋抗压强度设计值;

f_{sk}、f_{sd}——普通钢筋抗拉强度标准值、设计值;

f_{tk}、f_{td}——混凝土轴心抗拉强度标准值、设计值；

f_{vk}、f_{vd}——混凝土直接抗剪强度标准值、设计值；

μ_c——混凝土泊松比；

α——线膨胀系数。

2.2.2 作用效应

M_d——计入作用分项系数后的弯矩设计值；

N_d——计入作用分项系数后的轴向力设计值；

V_d——计入作用分项系数后的剪力设计值。

2.2.3 几何参数

A ——构件毛截面面积；

A_b——局部承压计算底面积；

A_l——局部承压面积；

B——截面宽度；

e ——轴向力的偏心矩；

h ——截面高度；

i ——弯曲平面内截面的回转半径；

l——构件支点间的长度或跨径；

l_n——净跨径；

l_0——构件计算长度；

r ——圆形截面半径；

S ——截面面积矩；

s ——截面重心至偏心方向截面边缘的距离；

W——截面弹性抵抗矩；

L——下弦拱的计算跨径；

L_0——下弦拱的净跨径；

L_a——下弦拱拱轴线长度；

S_0——下弦拱拱轴线等效计算长度；

λ——构件长细比；

H——下弦拱计算截面全高。

2.2.4 计算系数

γ_0——结构重要性系数；

ξ_b——相对界限受压区高度。

3 材　料

3.1 混凝土

3.1.1 梁拱组合连续刚构桥各部分构件的混凝土材料,其强度等级、标准值、设计值、弹性模量、剪切模量,应按现行《公路钢筋混凝土及预应力混凝土桥涵设计规范》(JTG 3362)的规定取用。

3.1.2 梁拱组合连续刚构桥的上部结构混凝土强度等级不宜低于 C50,宜采用高性能混凝土。

3.2 钢筋与钢材

3.2.1 钢筋混凝土及预应力混凝土构件所采用的普通钢筋与预应力钢筋的种类、设计强度、标准强度和弹性模量,应按现行《公路钢筋混凝土及预应力混凝土桥涵设计规范》(JTG 3362)的规定取用。

3.2.2 结构用钢材的力学及化学指标应满足现行《公路钢结构桥梁设计规范》(JTG D64)、《桥梁用结构钢》(GB/T 714)的要求。

4 基本规定

4.1 一般规定

4.1.1 公路梁拱组合连续刚构桥主体结构的设计基准期和设计使用年限应根据现行《公路桥涵设计通用规范》(JTG D60)及《公路工程技术标准》(JTG B01)确定。

4.1.2 公路梁拱组合连续刚构桥结构应进行下列两类极限状态设计：

1)承载能力极限状态：对应桥梁及其构件达到最大承载能力或出现不适于继续承载的变形或变位的状态。

2)正常使用极限状态：对应桥梁及其构件达到正常使用或耐久性的某项限值的状态。

4.1.3 公路梁拱组合连续刚构桥除应按现行《公路桥涵设计通用规范》(JTG D60)的要求,考虑四种设计状况及相应的极限状态设计要求进行静力分析外,尚应按下列规定进行稳定性和动力性分析及耐久性设计：

1)设计内容应按现行《公路钢筋混凝土及预应力混凝土桥涵设

计规范》(JTG 3362)第 4.1.2 条执行。

2)主梁各梁段的设计应符合下列规定:

(1)在纵桥向,上弦梁、上弦梁与下弦拱结合处的梁拱结合段、常规梁段均应按全预应力混凝土构件设计。

(2)在横桥向,上弦梁、上弦梁与下弦拱结合处的梁拱结合段、常规梁段顶板按预应力混凝土 A 类构件的要求设计。

3)下弦拱的设计应符合下列规定:

(1)下弦拱按钢筋混凝土构件设计。

(2)下弦拱按小偏心受压构件设计。

4)主墩、承台、桩基础按照钢筋混凝土构件设计。

4.2 主梁的计算

4.2.1 公路梁拱组合连续刚构桥主梁的计算应满足现行《公路钢筋混凝土及预应力混凝土桥涵设计规范》(JTG 3362)第 4.3 节的要求。

4.2.2 横向计算时,主梁标准梁段可按框架模型计算(图 4.1)或采用空间模型计算。横向计算除应考虑常规作用外,尚应考虑横向温度梯度引起的效应。

条文说明

横向分析建模时,对箱梁纵向取一个单位长度,顶板、底板及腹板均按照梁单元布置,荷载施加于框架,底板两端施加约束,必要时可以进行模型试验验证。

梁拱组合连续刚构桥标准梁段通常采用箱梁的结构形式,

横向梯度温度作用一般根据桥梁的地理位置、环境条件等因素经调查研究确定;无实测温度数据时,可以采用图4.2所示的横向温度梯度曲线。图中T_1取4.0 ℃,T_2取-2.75 ℃。

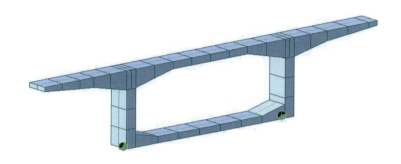

图4.1 横向框架计算模型

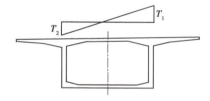

图4.2 横向温度梯度计算模式

4.2.3 横向计算应考虑自重、桥面铺装超方、活载、活载偏载和超载、底板预应力钢束的径向力及箱内外温差等因素对结构的影响,验算顶板、底板跨中下缘、底板根部上缘、腹板内侧的承载能力和应力情况。

4.2.4 横向计算应按照现行《公路钢筋混凝土及预应力混凝土桥涵设计规范》(JTG 3362)中有关预应力混凝土构件的要求来验算顶板的各项受力,按照钢筋混凝土构件的要求,验算腹板和底板裂缝宽度和极限承载能力。

4.2.5 横向计算除按照现行《公路桥涵设计通用规范》(JTG

D60）第4.3.2节中的考虑1.3的冲击系数外,尚应适当地考虑超载。

4.2.6　上弦梁和下弦拱结合段的应力扰动区范围应按实际的构造尺寸建立空间实体单元模型进行应力计算。

条文说明

上弦梁和下弦拱结合段是整座桥的一个关键点,其构造多变、受力复杂,杆系计算不能反映出该结合点处真实的受力状态,因此需进行空间受力分析。

4.3　下弦拱的计算

4.3.1　下弦拱应采用静力方法计算内力和累计变形,按照极限承载能力公式,对下弦拱进行强度验算。

4.3.2　当主跨跨度大于250 m时,还应计入几何、材料非线性影响。

条文说明

根据研究结论,主跨跨度小于250 m的梁拱组合连续刚构桥的下弦拱可不计入几何、材料非线性影响,按弹性理论计算能够符合桥梁安全需要。主跨跨度大于等于250 m的梁拱组合连续刚构桥的下弦拱,由于建造数量少、经验积累不足、非线性影响较大,建议计算主拱结构时计入几何、材料非线性影响。

4.3.3　下弦拱在各种作用（或荷载）组合下的受力,应通过计算优化主拱拱轴系数。

4.3.4　下弦拱在施工过程中,应验算各施工阶段的截面强度、刚度和稳定性。

4.3.5 下弦拱悬臂浇筑计算应计入临时扣索体系的变形对成拱过程强度、刚度和稳定性的影响。

4.3.6 下弦拱的等效计算长度应按式(4.1)的规定采用:

$$无铰拱: S_0 = 0.36L_a \qquad (4.1)$$

式中: S_0——下弦拱拱轴线的等效计算长度;

L_a——下弦拱拱轴线的长度。

下弦拱设计时,拱的偏心距宜符合式(4.2-1)的要求:

$$e_0 \leqslant \frac{2i^2}{H} \qquad (4.2-1)$$

式中: e_0——下弦拱计算截面的最大偏心距,其值应按式(4.2-2)计算;

i——下弦拱截面回转半径。

$$e_0 = \mathrm{MAX}\left(\frac{M_{\max}}{N}, \frac{M}{N_{\min}}\right) \qquad (4.2-2)$$

式(4.2-2)中的 $M_{\max}/N$、$M/N_{\min}$ 指同一计算截面最大弯矩与其对应的轴力和该截面最小轴力与其对应的弯矩。

4.4 稳定性及动力特性

4.4.1 应根据施工至成桥运营阶段的不同工况计算稳定性与动力特征。

4.4.2 当跨径大于300 m时,应计入材料、几何非线性的影响。

4.4.3 一类稳定即弹性屈曲的结构稳定安全系数不应小于4,二类稳定即考虑非线性的弹塑性强度稳定安全系数不应小于2.5。

4.4.4 动力特性应按现行《公路桥梁抗风设计规范》(JTG/T 3360-01)第6章执行。

4.4.5 当设有人行道时,宜使结构频率避开人的敏感频率,人的敏感频率可取 2.5～3.5 Hz。当有可靠的研究资料和桥梁具体要求时,也可以由设计者自行确定人的敏感频率范围。

4.5 抗风、抗震

4.5.1 抗风设计应按现行《公路桥梁抗风设计规范》(JTG/T 3360-01)执行。

4.5.2 抗震设计应按现行《公路工程抗震规范》(JTG B02)和《公路桥梁抗震设计规范》(JTG/T 2231-01)执行。

4.6 下挠控制

4.6.1 下挠控制应以保证主梁各截面预应力钢束布置空间要求,以及满足抗弯、抗剪、抗扭承载能力为总体原则。

条文说明

下挠控制分为施工期下挠控制和运营期下挠控制。施工期下挠控制通过施工过程控制、预拱度设置等方法,使主梁达到设计的竖向弯曲目标曲线;运营期下挠控制是在设计中提供充分的预应力钢束配置截面的前提下,以较小的截面面积提供较大的桥墩和主梁的抗压、抗弯、抗剪和抗扭刚度,不建议通过过度增加截面尺寸来控制梁体下挠。

4.6.2　主梁的主跨跨中在自重、二期荷载、预应力等作用下长期收缩徐变的下挠最大值宜不大于 $L/4\,000$（L 为主跨跨径）。

4.6.3　应考虑自重施工误差对结构挠度的影响

1）设计中应考虑施工规范容许范围内的自重施工误差对结构挠度的影响，包括结构自重误差±5%，铺装层厚度偏差超过 $L/7\,000$（L 为主跨跨径），但不得小于 2 cm，同时考虑施工误差对混凝土收缩徐变挠度的影响。

2）设计中对施工规范容许范围外的误差，可考虑采取措施予以补救，比如设置体外预应力等。

4.6.4　宜考虑钢绞线永存预应力误差对结构挠度的影响

1）建议分析全部纵向预应力误差±10%对结构弹性挠度的影响，同时分析此项误差对混凝土收缩徐变挠度的影响。

2）从施工工艺上提出保证有效预应力的措施。

4.6.5　应充分估计混凝土收缩徐变对结构挠度的影响

混凝土收缩徐变对结构的影响较大，而且较为复杂，需充分估计该效应对结构的不利影响。

4.6.6　宜考虑活载对结构徐变挠度的影响

一般地，徐变挠度只相对永久作用而言。但在交通繁忙的路段上，桥上车流日夜不断，部分活载也类似永久作用，也会产生徐变挠度，导致下挠增大。设计时宜考虑部分活载对结构徐变挠度的影响。

4.6.7　梁体内可考虑预留运营期可张拉、可调整的体外预应力钢束。

4.6.8　可根据施工条件和工程造价等因素，对主梁跨中部分梁段采用钢结构或钢混组合结构，以减轻结构自重，控制下挠。

4.7　耐久性设计要求

4.7.1　公路梁拱组合连续刚构桥结构及构件表面直接接触的环境类别,应符合现行《公路钢筋混凝土及预应力混凝土桥涵设计规范》(JTG 3362)表4.5.2的规定要求。

4.7.2　各类环境下混凝土强度等级最低要求和钢筋最小保护层厚度应符合现行《公路钢筋混凝土及预应力混凝土桥涵设计规范》(JTG 3362)表9.1.1的规定。

4.7.3　公路梁拱组合连续刚构桥结构及构件采取的耐久性技术措施应按《公路钢筋混凝土及预应力混凝土桥涵设计规范》(JTG 3362)第4.5.4条的规定执行。

5 作 用

5.1 作用及其组合

5.1.1 按照现行《公路桥涵设计通用规范》（JTG D60）中的相关条款进行。

5.2 设计中需考虑的作用

5.2.1 结构自重和预应力

考虑结构自重和预应力时，宜计入施工规范容许范围内的误差对结构的影响。

5.2.2 桥面二期恒载

应包含作用在箱梁上的所有结构物的重量，如防撞护栏、桥面铺装、人行道板、人行道护栏、过桥管线等重量。

5.2.3　徐变

应充分估计混凝土收缩徐变对结构的影响。在有条件时,原则上宜进行混凝土的徐变试验,按照试验得出的徐变系数和终极值进行徐变计算;没有试验数据时,建议取以下三种计算结果中较大的徐变效应作为徐变对结构的影响。前两种徐变计算方法是分别采用不同的徐变系数和徐变终极值,第一种取徐变系数 $\beta = 0.002\,1$,终极值 $\psi_k = 2.5$;第二种取徐变系数 $\beta = 0.021$,终极值 $\psi_k = 2.0$;第三种徐变计算方法是采用现行规范中的相对潮湿度。

5.2.4　活载

1)活载按照现行《公路桥涵设计通用规范》(JTG D60)取用。在进行整体纵向计算时,宜考虑偏载的影响;在进行局部及横桥向计算时,除了考虑冲击外,建议考虑适当的活载超载。

2)荷载等级及车道荷载大小按照现行《公路桥涵设计通用规范》(JTG D60)第4.3.1条第3—4款计算。

3)车道数及横向折减系数按照现行《公路桥涵设计通用规范》(JTG D60)第4.3.1条第7款取值。

4)纵向折减系数按照现行《公路桥涵设计通用规范》(JTG D60)第4.3.1条第8款取值。

5)冲击系数按照现行《公路桥涵设计通用规范》(JTG D60)第4.3.2条计算。其中,结构竖向基频一般采用有限元软件计算。

6)人群荷载按照现行《公路桥涵设计通用规范》(JTG D60)第4.3.6条取值。

5.2.5 温度

1）温度荷载纵向计算按照现行《公路桥涵设计通用规范》(JTG D60)取用,计算结构的均匀升温或降温,以及温度梯度引起的内力。

（1）整体升温:升温度数＝最高有效温度－合龙温度

（2）整体降温:降温度数＝最低有效温度－合龙温度

2）温度荷载横向计算宜计算箱室内外±5 ℃的温差,如图 5.1 所示,必要时建议对结构进行空间受力分析。

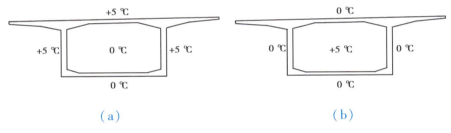

（a） （b）

图 5.1 箱室内外温度梯度加载示意

5.2.6 支座摩阻力

按照该支座恒载竖向反力的5%计算。

5.2.7 汽车制动力

按照现行《公路桥涵设计通用规范》(JTG D60)第 4.3.5 条计算。汽车制动力对主梁受力影响较小,计算主梁受力时一般可以不计;但在计算下部结构提供给上部结构所需的支反力时,需要考虑制动力对结构的作用。

5.2.8　风力

1)施工状态平衡性检算需要考虑风荷载。

2)高墩梁拱组合连续刚构桥纵向计算,需要考虑作用在桥墩上的顺桥向风力(按相应横桥向风力的70%考虑)。

5.2.9　预应力钢束径向力

在横向计算、锚固齿块或预应力钢束弯曲处局部计算时,需要考虑由于预应力钢束弯曲产生的径向分力对结构的影响。

5.2.10　施工临时荷载

1)悬臂施工的挂篮模板机具荷载

应采用挂篮模板机具荷载实际设计重量进行计算。当没有具体数据时,可按照最重悬臂施工节段自重的50%估算。

2)桥面堆载

仅在悬臂施工稳定性检算时考虑,一般按照每延米2.5 kN计算。

5.2.11　结构调整力

1)在主跨合龙前,根据需要在两悬臂端用水平千斤顶互施水平顶推力,以调整主跨及主墩墩身的内力,设计时宜计入调整力对结构的影响。

2)在边跨梁处于悬臂状态时,在悬臂端施加竖向荷载,并于边跨合龙后卸除,以调整主墩墩身的内力,设计时也宜计入其影响。

6 结构计算一般规定

6.1 计算模型

6.1.1 全桥总体计算一般宜采用空间结构杆系有限元程序计算。

6.1.2 局部受力复杂的构件应进行板壳或实体有限元计算分析。

6.2 纵向计算模型

6.2.1 结构简化

1)进行整体计算时,横隔板、预应力锚固齿块、检修孔、通风孔、泄水孔、通过孔、锚槽、封锚混凝土、伸缩缝槽口等构造细节可忽略,不计入受力截面,该处截面用其邻近截面代替。

2)因结构简化造成的结构恒载误差,可采用永久作用的集中力或均布力荷载进行模拟。

3）因箱梁顶板旋转成坡的，可将顶板绕外腹板旋转回水平状态进行检算，普通钢筋、预应力钢束可按其平均高度计算，预应力钢束应力可按其平均应力计算。简化时，应坚持结构实际状态比简化后状态更偏于安全的原则。

4）桥面铺装层不计入结构受力部分。

6.2.2　永久约束

1）支座：支座纵向活动的，用一个竖直约束模拟；支座纵向固定的，用一个竖直约束加一个水平约束模拟。

2）墩梁固结：一般将与箱梁固结的桥墩带入计算模型一并计算；桥墩与基础连接端，对于不同基础形式，可采用以下不同简化方法：

（1）采用低桩承台的，将桥墩基础端固结在承台顶部进行计算。

（2）采用高桩承台的，应考虑一般冲刷、局部冲刷两种情况。

（3）对于桩基础采用摩擦桩或者桩基需穿过较厚覆土层的嵌岩桩，应考虑承台和桩土作用。桩基应按全长建立，土体对桩基的作用可采用土弹簧约束模拟，土弹簧刚度取值可采用现行《公路桥涵地基与基础设计规范》（JTG 3363）附录 L 规定的 m 法计算确定。

6.2.3　临时约束

1）临时水平约束：上部结构在合龙前分为几个独立的结构体系，计算时需要为单独的结构体系增加临时水平约束，使之成为几何不变体系，应防止计算过程中出现几何可变体系。

2）临时竖向约束：箱梁在施工时常采用支架或墩梁临时固结措

施,计算时常采用临时竖直约束来模拟这种受力状态。对于支架约束,常采用单向受压的竖直约束来模拟;对于墩梁临时固结,常采用双向受力的竖直约束来模拟。

6.2.4　内力、稳定性和抗风性能分析

各阶段所形成的结构体系应进行内力、稳定性和抗风性能分析,并应验算体系中构件的强度和刚度。

6.3　横向计算模型

6.3.1　结构简化

一般取控制截面附近的单位宽度横向框架进行横向面内杆系计算。桥面铺装层、防撞护栏等桥面设施无论是否与箱梁顶板固结,均不计入结构受力部分,而作为二期恒载计算。

6.3.2　约束

在箱梁每条腹板中心线下端的箱底位置加一个竖向约束,另加一个水平约束以保证结构体系属于几何不变体系。

6.3.3　配筋

横向计算时,腹板配筋的1/2可兼作主梁抗剪或抗扭箍筋。

6.4　横隔梁计算模型

6.4.1　高而短的横隔梁

此种横隔梁一般只设有两个支座,当支座离箱梁腹板较近时,横梁一般不控制设计,故仅需按照深梁手动简化计算,并按照深梁配筋设计即可。

6.4.2　矮而长的横隔梁

此种横隔梁一般设有两个或者两个以上的支座,且支座位置离箱梁腹板较远且不规则,此时需要将其简化为工字梁来进行计算。工字梁的有效翼缘宽度可按照现行《公路钢筋混凝土及预应力混凝土桥涵设计规范》(JTG 3362)第4.2.2条计算。工字梁承受的荷载主要为腹板传来的集中力和汽车轮载。

6.5　永久作用内力的计算

6.5.1　应计入施工规范允许误差对结构内力的影响,同时考虑此部分误差引起的收缩徐变内力的变化。

6.5.2　应按施工步骤,逐步计算内力并累加,并计入收缩徐变影响,形成永久作用内力。不可按桥梁形成时的图式一次性地计算内力,以避免负弯矩偏小现象的产生。

6.5.3 应模拟出实际结构可能出现的不利施工状态,例如对于悬臂施工的桥梁,应该模拟出以下施工状态:该节段混凝土浇筑完毕、锚固于该节段的预应力钢束尚未张拉、挂篮尚未前移、顶板混凝土无桥面铺装并受日照正温差或日照负温差的情况。

7 持久状况承载能力极限状态计算

7.1 主梁正截面承载能力极限状态计算

7.1.1 主梁的正截面承载能力计算按照现行《公路钢筋混凝土及预应力混凝土桥涵设计规范》(JTG 3362)中的相关条款进行。

7.1.2 梁拱倒三角区空腹段上弦梁计算承载能力应符合以下规定：

1)当轴向力作用在截面上缘钢束、钢筋合力点和下缘钢束、钢筋合力点之间时,上弦梁为小偏心受拉构件,承载能力应按现行《公路钢筋混凝土及预应力混凝土桥涵设计规范》(JTG 3362)第5.4.2条小偏心受拉构件公式计算。

2)当轴向力作用在截面上缘钢束、钢筋合力点和下缘钢束、钢筋合力点之外时,上弦梁为大偏心受拉构件,承载能力应按现行《公路钢筋混凝土及预应力混凝土桥涵设计规范》(JTG 3362)第5.4.2条大偏心受拉构件公式计算。

条文说明

现行《公路钢筋混凝土及预应力混凝土桥涵设计规范》(JTG

3362）第 5 章给出了矩形截面大、小偏心受拉构件的计算公式。当为大偏心受拉构件时，受压区按实际截面尺寸计算。

7.1.3　当承载能力极限状态梁拱倒三角区空腹段上弦梁为小偏心受拉构件时，承载能力计算不宜考虑普通钢筋，截面拉力均由纵向预应力钢束承担。

条文说明

当上弦梁截面为小偏心受拉构件时，承载能力计算仅考虑预应力钢束（不考虑普通钢筋），以提高结构的安全储备。

7.1.4　梁拱倒三角区空腹段上弦梁大偏心受拉构件的正截面相对界限受压区高度 ξ_b 应按现行《公路钢筋混凝土及预应力混凝土桥涵设计规范》（JTG 3362）表 5.2.1 采用。

7.1.5　梁拱倒三角区空腹段上弦梁大偏心受拉构件在进行承载能力计算时，可不考虑按正常使用极限状态计算可能增加的纵向受拉钢筋和按构造要求配置的纵向钢筋。

7.2　主梁斜截面承载能力极限状态计算

7.2.1　主梁的斜截面抗剪承载能力按照现行《公路钢筋混凝土及预应力混凝土桥涵设计规范》（JTG 3362）中的相关条款进行计算。

7.3　下弦拱承载能力极限状态计算

7.3.1　在开展下弦拱承载能力极限状态计算时，其安全等级应为一级。

7.3.2 下弦拱采用钢筋混凝土箱形截面时,其主拱承载能力极限状态计算应符合式(7.1)的要求:

$$\gamma_0 S \leqslant R \tag{7.1}$$

式中:S——作用效应的组合设计值;

R——构件承载力设计值;

γ_0——桥梁结构的重要性系数或抗震调整系数;不计地震荷载时,该值为桥梁结构的重要性系数,取 $\gamma_0 = 1.1$;计入地震荷载时,该值为抗震调整系数,即取 $\gamma_0 = \gamma_e = 0.75$,当仅计算竖向地震作用时,抗震调整系数 $\gamma_e = 1.0$。

7.3.3 下弦拱计算偏心受压构件正截面承载力时,应考虑构件在弯矩作用平面内的挠曲对轴向力偏心矩的影响,即将偏心矩 e_0 乘以偏心矩增大系数 η。η 的计算如式(7.2-1)所示:

$$\eta = 1 + \frac{1}{1\,400\,\dfrac{e_0}{h_0}}\left(\frac{S_0}{h}\right)^2 \xi_1 \xi_2 \tag{7.2-1}$$

$$\xi_1 = 0.2 + 2.7\,\frac{e_0}{h_0} \leqslant 1.0 \tag{7.2-2}$$

$$\xi_2 = 1.15 - 0.01\,\frac{e_0}{h} \leqslant 1.0 \tag{7.2-3}$$

式中:η——偏心受压构件轴向力偏心矩增大系数;

S_0——下弦拱拱轴线的计算长度,应按本指南第 4.3.6 条取值;

L_a——下弦拱拱轴线的长度;

ξ_1——荷载偏心率对截面曲率的影响系数;

ξ_2——构件长细比对截面曲率的影响系数。

条文说明

对主跨小于250 m的梁拱组合连续刚构桥,按一阶理论进行静力分析,其计算内力和变形与实际结构吻合。对主跨大于等于250 m的梁拱组合连续刚构桥,仅按一阶理论进行计算分析,而不考虑非线性的影响,忽略了附加弯矩和增大的拱轴向位移,计算内力、变形与下弦拱实际内力、变形差别较大。参照压弯杆分析引用的增大系数,将按一阶理论计算得到的拱的弯矩和挠度增大。

研究表明,荷载形式及大小对弯矩增大系数的影响规律为:①集中力荷载对弯矩增大系数值的影响较小;②径向均布荷载和竖向均布荷载对其影响较大;③随着荷载的增加,用有限元软件计算的弯矩增大系数呈线性增加。

7.3.4 箱形截面下弦拱可折算为I形截面偏心受压构件进行计算,即按照现行《公路钢筋混凝土及预应力混凝土桥涵设计规范》(JTG 3362)中第5.3.6条计算。

8　持久状况正常使用极限状态计算

8.0.1　正常使用极限状态的计算,应采用作用的短期效应组合、长期效应组合或短期效应组合并考虑长期效应组合的影响。

8.0.2　持久状况正常使用极限状态计算应按现行《公路钢筋混凝土及预应力混凝土桥涵设计规范》(JTG 3362)第6章执行。

8.0.3　变形与预拱度

1)主梁在车道荷载(不计冲击力)作用下的最大竖向挠度(正负挠度绝对值之和)不宜大于 $L_0/2\,000$。

2)主梁和下弦拱的变形应根据线弹性理论的方法计算。

3)主梁和下弦拱成桥时的恒载变形总量,应根据拟定的施工方法,由施工各阶段的恒载变形累计而成。

4)主梁和下弦拱应设置预拱度,计算预拱度值应为主拱恒载累计变形、1/2活载挠度与混凝土徐变挠度之和。

9 持久状况和短暂状况构件的应力计算

9.0.1 梁拱组合连续刚构桥持久状况和短暂状况构件的应力计算均应按现行《公路钢筋混凝土及预应力混凝土桥涵设计规范》（JTG 3362）第 7 章执行。

9.0.2 持久状况梁拱倒三角区空腹段上弦梁及上弦梁与下弦拱结合后的梁段正截面压应力的计算与控制，除应按现行《公路钢筋混凝土及预应力混凝土桥涵设计规范》（JTG 3362）第 7.1.5 条执行外，尚应控制在最不利荷载标准值组合作用下的截面应力，并符合下列规定：

1）正截面最大压应力不应大于 $0.5 f_{ck}$。

2）最小压应力储备宜不小于 1 MPa，其中，跨中下缘的最小压应力储备宜不小于 2 MPa。

9.0.3 下弦拱在进行短暂状况设计时，除应按现行《公路钢筋混凝土及预应力混凝土桥涵设计规范》（JTG 3362）第 7.2 节验算外，尚应满足截面不出现拉应力，最大压应力不超过 $0.5 f_{ck}$ 的要求。

9.0.4 分析主梁跨中正应力储备时，建议充分估计混凝土收缩徐变的影响。

9.0.5 进行主梁和下弦拱正截面应力计算时，除应考虑结构自重、施工荷载和规范规定的各种荷载外，建议考虑施工规范容许范围内的施工误差对结构应力的影响。

9.0.6 在计算中应考虑箱形截面剪力滞的影响。

10 结构构造一般规定

10.1 一般规定

10.1.1 梁拱组合连续刚构桥平面设计宜采用较高的平曲线技术指标,在主跨范围内不宜设置平曲线。

10.1.2 梁拱组合连续刚构桥纵断面设计的各项技术指标应符合路线布设的规定,主桥主跨宜布置在凸曲线或单坡曲线内,以利于桥梁排水。

10.1.3 梁拱组合连续刚构桥横断面布置应符合现行《公路工程技术标准》(JTG B01)的相关规定。

10.2 基本结构体系与形式

10.2.1 梁拱组合连续刚构桥主要构件由主墩、梁拱倒三角区空腹段上弦梁、下弦拱、梁拱结合段、常规梁段五部分组成,如图10.1所示。

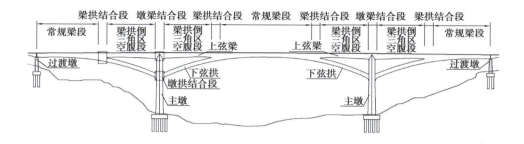

图 10.1　梁拱组合连续刚构桥结构体系

10.2.2　边跨与中跨的比值宜控制在 0.52~0.60。梁端支座在施工和运营阶段均应不出现负反力。

10.3　其他结构体系与形式

10.3.1　梁拱组合连续刚构桥可与常规悬臂施工的连续刚构、连续梁组合,形成组合式梁拱组合连续刚构体系。

10.3.2　组合式梁拱组合连续刚构体系,次主墩的名义跨径与主跨之比宜为 0.4~0.6,边跨与次主墩的名义跨径之比宜为 0.55~0.65。

条文说明

次主墩的名义跨径是指次主墩作为常规悬臂施工的连续刚构时的跨径,为次主墩的最大悬臂长度×2+次主墩的 0 号块长度+合龙段长度,如图 10.2 所示。

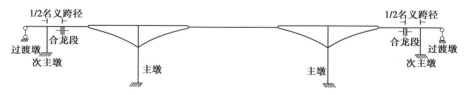

图 10.2　组合式梁拱组合连续刚构桥

10.4　总体结构参数

10.4.1　梁拱组合连续刚构桥的总体结构参数包括主跨跨径 L、梁拱倒三角区段下弦拱底与常规梁段梁底曲线、梁拱倒三角区段根部总高度 H、下弦拱高 h_1、上弦梁高 h_2、跨中梁高 h_3、墩梁结合处高 h_4 等,具体如图 10.3 所示,设计时应根据结构的安全性和经济性进行综合比选。

10.4.2　梁拱倒三角区空腹段根部总高度 H 为下弦拱与桥墩的相交点至墩顶桥面的距离,宜取 $L/8 \sim L/7$。

10.4.3　梁拱倒三角区空腹段下弦拱宜采用等高度箱形截面,拱高 h_1 宜取 $L/55 \sim L/40$。

10.4.4　梁拱倒三角区空腹段上弦梁高 h_2 应综合考虑上弦梁结构受力及纵向预应力钢束布置的需要,宜取 $L_s/15 \sim L_s/10$。其中,L_s 为梁拱倒三角区空腹段上弦梁长度,宜取 $L/5 \sim L/3$,近似取上、下弦汇合后,上弦底缘与下弦顶缘理论交汇点至 0 号块中心线的距离,如图 10.4 所示。

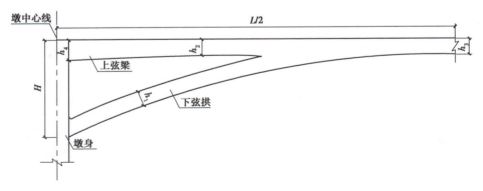

图 10.3　梁拱组合连续刚构桥总体结构参数示意

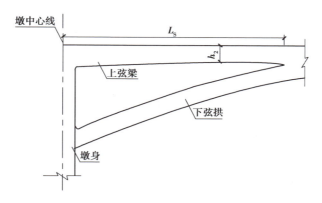

图 10.4 梁拱倒三角区空腹段上弦梁长度示意

10.4.5 主跨跨中常规梁段梁高 h_3 可取 $L/70 \sim L/45$。

10.4.6 梁拱结合段汇合处应采用圆弧曲线过渡,曲线半径不宜小于 0.2 m,并应做好该角隅处的构造设计。

10.4.7 梁拱倒三角区空腹段下弦拱底与常规梁段底缘宜按一致的幂次曲线变化,梁底曲线幂次 β 的取值宜为 $2.0 \sim 3.0$,幂次曲线可按式(10.1)计算:

$$y = \alpha x^{\beta} \tag{10.1}$$

式中: $\alpha = \dfrac{H-h_3}{(L/2-B/2)^{\beta}}$, B 为主墩纵桥向截面尺寸。

梁底曲线幂次变化对比示意如图 10.5 所示。

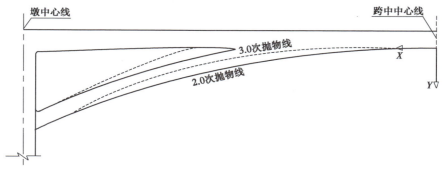

图 10.5 梁底曲线幂次变化对比

10.5 主梁

10.5.1 梁拱倒三角区空腹段上弦梁及结合后常规梁段主梁截面形式宜采用竖直腹板的单箱单室或单箱多室箱形截面,横桥向分幅或分室应根据跨径、箱梁宽度等选定。

10.5.2 梁拱组合连续刚构桥梁拱结合段构造应做到传力顺畅,力线方向变化的部位应设置必要的过渡段,过渡段可采用结合式,如图 10.6、图 10.7 所示。

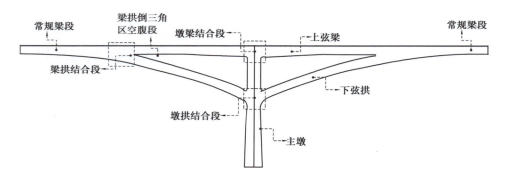

图 10.6 梁拱组合连续刚构桥结构示意

10.5.3 主梁底板、顶板、腹板、加腋、齿板等细部尺寸(图 10.8)应符合下列规定:

1)主梁顶板厚度 t_1 不宜小于 28 cm,并满足配置横向预应力钢束和钢筋的构造要求。

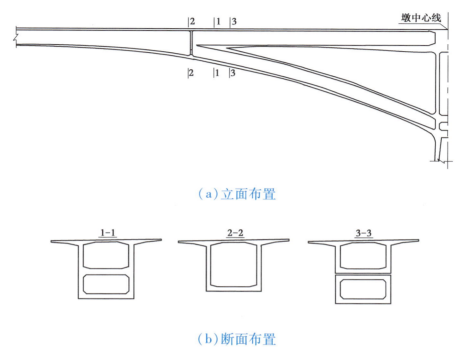

（a）立面布置

（b）断面布置

图 10.7　梁拱结合段构造示意

2）主梁底板厚度 t_2 不宜小于 32 cm，并满足配置合龙段预应力钢束和钢筋的构造要求。

3）主梁腹板厚度 b 不宜小于 45 cm，并满足配置预应力和钢筋的构造要求，墩顶根部应根据计算及构造取值，腹板变厚可若干次完成，每次通过若干个节段过渡，过渡长度应同时满足不小于腹板厚度差的 12 倍。

4）主梁加腋的高度及宽度均不宜小于 0.3 m，其中上加腋可为 $h_1 : b_1 = 1 : 1 \sim 1 : 6$，下加腋可为 $h_2 : b_2 = 1 : 1$。

5）主梁翼缘端部厚度 t 不宜小于 18 cm，腹板中心至翼缘边缘宽 b_3 不宜超过相邻腹板中心间距的 45%。

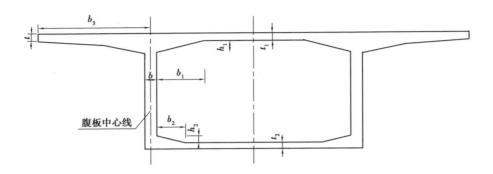

图 10.8　上弦梁及常规梁段主梁断面参数示意

6）预应力钢束锚固齿板宜紧靠腹板布置，远离腹板侧的竖边宜斜向布置，如图 10.9、图 10.10 所示。

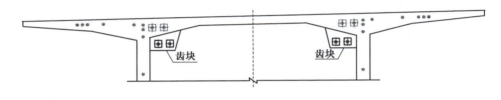

图 10.9　顶板齿块布置

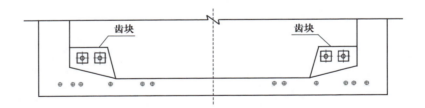

图 10.10　底板齿块布置

10.5.4　箱梁 0 号块底板、腹板、顶板厚度可较 1 号或 2 号梁段底板、腹板、顶板厚度适当增加，根据计算确定增加值。

10.5.5　主梁箱宽不宜大于桥面全宽的 1/2，且箱梁的长边与短边之比不宜大于 4，否则应设置成多箱室。

10.5.6　主梁悬臂长度不宜大于 5 m,否则应考虑活载在悬臂端部引起的双向挠曲效应。

10.5.7　主梁构造设计应预留供检查和维护的人行通道,在箱梁内最低处应设置泄水孔,腹板应设置通气孔。

10.5.8　支座处的梁底调平构造要求

1)利用预埋钢板调平:在支座处箱梁底预埋水平钢板,钢板上表面须完全嵌入梁体混凝土以保证传力均匀,钢板厚度一般不小于 20 mm,尺寸须满足梁体相对支座可能发生的位移的需求。

2)利用楔形混凝土块调平:当支座处箱梁底板高差较大,需要很厚的钢板才足以调平时,可考虑调整墩顶的支座垫石高度,或者在箱梁底部构造不同高度的楔形混凝土块调平。

箱梁底部的楔形混凝土块是局部受压构件,应根据现行《公路钢筋混凝土及预应力混凝土桥涵设计规范》(JTG 3362)第 5.7.1 条及第 5.7.2 条设计其尺寸及布设钢筋网。

10.5.9　通过孔构造细节要求

1)过人孔:一般设计为矩形,并带有圆弧形倒角,其尺寸大小须保证施工及检修设备和人员能够通过。一般设置在箱室中部的横隔板上(桥台处则设置在箱梁底部)。由于过人孔尺寸一般比较大,设计时需要特别注意过人孔附近梁体受力验算。

2)过线孔:一般设计为圆形或正多边形,其尺寸须满足管线通过的需求。

3)通气孔:一般设置在箱梁腹板上,主要功能为减小箱梁内外侧的大气温度差。其形状一般为内径 10 cm 左右的圆形,间距约 5 cm。

4)泄水孔:桥面泄水孔设置在桥面较低侧,是桥面排水通道,一般采用预埋不锈钢或者球墨铸铁泄水孔的措施。箱梁底板泄水孔设置在箱室各个可能兜水的最低位置处,用于排出施工期间的积水,泄水孔直径一般为 10 cm,形状为圆形。

10.5.10　主梁临时施工孔一般布置在箱梁顶板受力较小的位置,形状及构造尺寸与过人孔类似。

10.5.11　防水构造要求

1)在主梁顶面混凝土与桥面铺装层之间应设置可靠的防水层。

2)在主梁悬臂板边缘宜设置向下凸出的滴水檐构造。

3)预应力钢束张拉后应即时封锚。

4)伸缩缝处的桥面系及栏杆、防撞护栏处应设置防水措施和排水装置。

10.6　主梁预应力钢束

10.6.1　主梁宜采用三向预应力体系,设计宜按梁拱组合连续刚构桥的空间内力分布进行配束。

10.6.2　梁拱结合段及上弦梁和下弦拱与墩顶墩梁结合段 0 号块衔接部位应结合空间受力分析,进行纵、横、竖向预应力的合理配置。

10.6.3　当计算所需纵向预应力钢束较多,在箱梁断面内布置局促时,宜采用大吨位钢绞线体系。顶、底板内的纵向预应力钢束应尽可能靠近腹板布束,并应保证局部受力的安全性。

10.6.4　宜配置适当的腹板下弯束,以改善主梁腹板的主拉应力。腹板下弯束宜对称于腹板中心线布置,钢束宜下弯锚固,弯起角度尽可能趋近45°,其锚固位置距箱梁顶面宜置于截面高度的 2/3 位置。梁拱组合刚构桥不同位置的纵向预应力钢束布置示意如图 10.11—图 10.13 所示。

图 10.11　主梁纵向预应力钢束布置

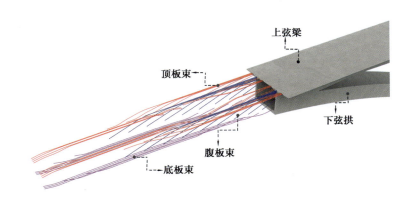

图 10.12　常规梁段纵向预应力钢束布置

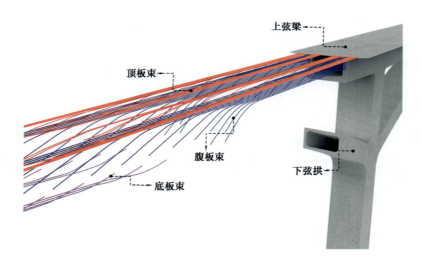

图 10.13　倒三角区空腹段纵向预应力钢束布置

10.6.5　超长悬浇主梁的预应力钢束可采用在墩顶位置交叉锚固的方式布置,如图 10.14 所示。

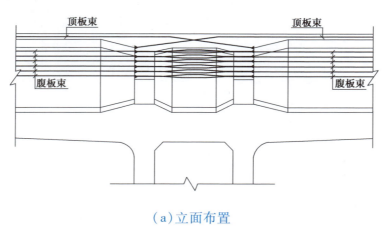

（a）立面布置

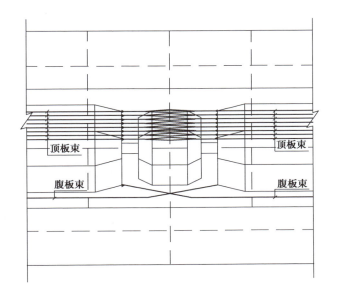

（b）平面布置

图 10.14 超长悬浇主梁预应力钢束交叉锚固

10.6.6 底板纵向预应力钢束应尽量靠近腹板布置,钢束应平弯靠近腹板锚固,锚固齿板应与腹板连成一体。

10.6.7 应根据受力需要,合理设置横向预应力钢束,并与纵、竖向预应力钢束布置相协调。横向预应力宜采用钢绞线体系,优先采用扁锚体系。

10.6.8 主梁底板纵向预应力钢束应将钢束管道顺桥向各点均设在一条平顺的曲线上。每个梁段中的管道距离底板的竖向距离应按照钢束曲线计算得出,而不是定值。

10.6.9 主梁中跨跨中及边跨现浇段与主梁端相接处底板的纵向预应力管道宜尽量靠近底板上缘布置,即可紧贴箱梁底板的上层钢筋,如图 10.15 所示,以增大截面抵抗钢束径向力的抗剪厚度。

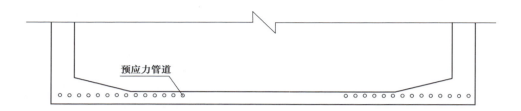

图 10.15　底板纵向预应力钢束布置

10.6.10　一般情况下，竖向预应力宜作为安全储备，不参与主拉应力验算，必要时可考虑 0.5 倍竖向预应力效应。

10.6.11　竖向预应力体系需采取有效措施以减少预应力损失；上弦梁与下弦拱结合处应布设竖向预应力钢束，由于此处梁高较高，宜采用钢绞线，如图 10.16 所示。

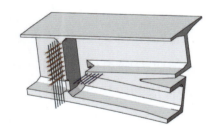

图 10.16　梁拱结合处钢束布置示意

10.6.12　预应力钢束的构造要求

1）预应力管道间的净距不得小于 6 cm，在直线段两管道竖向可以叠置。

2）箱梁顶、底板纵向预应力钢束宜设置备用管道，且不少于 2 束，如施工中未动用，则将喇叭口封闭以后备用。

3）竖向预应力钢束宜对称于腹板中心线布置。

4）边跨底板纵向预应力钢束除有 20% 且不少于 2 束的预应力钢束按直束布置通过支座外，其余底板束一律上弯锚固。

5）顶板纵向预应力钢束宜通过平弯及竖弯锚固在顶板与腹板交界处，底板纵向预应力宜通过平弯及竖弯锚固在底板与腹板交界处，并验算锚固前和锚固后的局部应力。

6）顶、底板纵向预应力钢束尽量布置在靠近腹板处。

7）纵向预应力钢束管道的平弯和竖弯半径在有足够空间的情况下，应尽可能采用较大半径，以减小因管道平弯和竖弯引起的混凝土局部拉应力。顶板的平弯半径 R 不宜小于按式（10.2）计算的半径：

$$R \geqslant \frac{N}{500(h - d)f_{tk}} \qquad (10.2)$$

式中：R——预应力钢束的平弯半径，m；

N——一束预应力钢束的张拉控制吨位，kN；

f_{tk}——混凝土轴心抗拉强度标准值，MPa；

h——顶板（底板）厚度，m；

d——管道外径，m。

表 10.1 给出了不同张拉吨位对应的钢束最小弯曲半径建议值。

表 10.1　张拉吨位与对应的钢束最小弯曲半径建议值

张拉吨位/kN	最小弯曲半径/m
1 000	4
2 000	8
3 000	12
≥4 000	16

8）在布置主梁纵、横、竖三向预应力钢束时，应错开位置，避免钢束的锚头、管道相互干扰，或锚头管道与普通钢筋干扰，而不能准确定位，从而影响预应力的效果。

9）在悬臂板根部等预应力钢束布置密集处，应避免孔道过多对结构局部构件产生的不利影响，必要时可以加大结构局部尺寸。

10）预应力钢束的张拉龄期除应满足混凝土强度条件外，建议对加载龄期提出要求，加载龄期最少不得少于 5 天，主跨跨径大于 200 m 的桥梁，加载龄期不得少于 7 天，以减少收缩徐变的影响。张拉时，对加载时的混凝土弹性模量提出最低限值要求。

10.6.13 主梁竖向预应力宜采用可二次张拉的低回缩钢绞线锚固体系，二次张拉后锚具变形及钢束回缩值不大于 1 mm。对于梁高大于 6 m 的梁段宜采用钢绞线。当采用精轧螺纹钢筋时，应明确要求采用二次张拉工艺，以保证其有效性。

10.6.14 当主梁竖向预应力采用精轧螺纹粗钢筋时，建议在不小于1%的竖向预应力下设测力环，并用扭矩扳手做扭力测定，且竖向预应力采用二次张拉工艺完成。

10.6.15 主梁竖向预应力顺桥向最大间距 s 宜满足式(10.3)、式(10.4)的要求，否则应适当加高腹板上承托高度和腹板与底板的倒角高度。

$$s \leqslant 2h_1 \tan 26° \qquad (10.3)$$

$$s \leqslant 2h_2 \tan 26° \qquad (10.4)$$

10.6.16 横向预应力宜采用扁锚体系，可采用一端张拉、一端扎花固定的锚固方式，应两端交叉锚固。

10.6.17 预应力钢束锚固细节要求

1）预应力钢束锚固位置应尽量布置在靠近截面的厚实部分附近，并尽量让锚固力传至全截面的区段较短。

2）预应力锚固槽口尺寸需要满足张拉设备及操作空间需求，槽口深度需保证封锚混凝土足够厚,以保证锚头耐久性。

3)预应力锚固齿块一般应布置在靠近箱梁腹板的顶、底板内侧,并保证预应力钢束具有足够的张拉操作空间。

4)锚固齿块尺寸需保证张拉时千斤顶对应的锚下混凝土局部承载力的需求,以及齿块与箱梁间的传力需求;设计时应按照现行《公路钢筋混凝土及预应力混凝土桥涵设计规范》(JTG 3362)第5.7.1条进行验算。

5)预应力锚固齿板与顶、底板交汇处的预应力钢束曲线段宜增大混凝土保护层厚度。

6)预应力锚固齿板钢筋设计应按现行《公路钢筋混凝土及预应力混凝土桥涵设计规范》(JTG 3362)第9.4.20条规定执行。

7)预应力锚下混凝土为局部受压构件,须按照现行《公路钢筋混凝土及预应力混凝土桥涵设计规范》(JTG 3362)第5.7.2条进行设计。锚下一般需布置螺旋形分布钢筋,必要时需要额外布置数层钢筋网片。

10.7　普通钢筋构造要求

10.7.1　主梁纵向钢筋和横向钢筋的间距不宜大于15 cm,纵向钢筋和底板横向钢筋直径不宜小于16 mm,腹板箍筋直径不宜小于16 mm。当顶板设有横向预应力时,顶板上层钢筋和箱内顶板下缘横向钢筋直径不宜小于16 mm,悬臂下缘和箱中承托下缘钢筋直径不宜小于12 mm。

10.7.2　主梁腹板、齿板应配置闭合箍筋。

10.7.3　对于高度较高、截面尺寸较大、壁厚较厚的桥墩及箱梁 0 号节段,表面宜配置带肋钢筋网,以防止温度及收缩裂缝。

10.7.4　钢束定位钢筋宜采用"井"字形。对于直线段钢束,其间距不宜大于 80 cm;对于曲线段钢束,其间距不宜大于 50 cm。

10.7.5　底板钢束防崩钢筋

1)在两个管道之间及最外排管道的外侧均应布设防崩钢筋,防止底板预应力钢束张拉时底板下缘保护层崩裂,每一个管道的防崩钢筋的面积按照式(10.5)计算:

$$A_s \geqslant \frac{N}{20 f_{sd} R} \tag{10.5}$$

式中:N——一束预应力的张拉力,kN;

　　　R——钢束的曲率半径,取沿管道的最小值,m;

　　　f_{sd}——钢筋的抗拉强度设计值,MPa;

　　　A_s——沿管道 1 m 长度内的防崩钢筋面积,m^2/m。

2)防崩钢筋可采用 U 形或封闭箍筋。如果采用 U 形钢筋,则应确保卡住底板上缘的横向钢筋;如为封闭箍筋,则应将开口端向上设置。若为底板齿板的防崩钢筋,则箍筋的开口端向下设置。底板钢束防崩钢筋布置示意如图 10.17 所示。

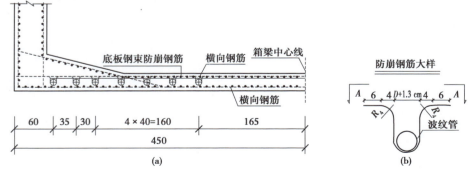

(a)　　　　　　　　　　　　　　　(b)

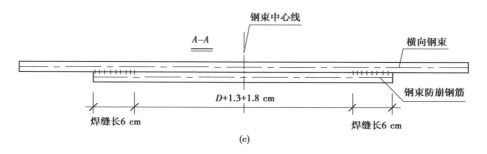

图 10.17 底板钢束防崩钢筋布置

3）用于防崩的箍筋开口方向与径向力方向相反，图 10.17 中开口端向上的箍筋适用于底板弯曲段钢束的防崩及顶板钢束齿板的防崩，开口端向下的箍筋适用于底板钢束齿板的防崩。

4）防崩钢筋不能等同于底板的架立钢筋，其配置不能缺少。

10.7.6　腹板钢束防崩钢筋

1）在钢束下弯区域两侧均应设置防崩钢筋。

2）防崩钢筋顺桥向间距不宜超过两个横向钢筋间距，且不宜呈梅花形布置，避免部分钢束两侧没有防崩钢筋。

3）在管道竖弯范围内宜设置防崩箍筋，并将开口端锚固于原结构内，防崩箍筋宽度按 $d+10$ 控制（以 cm 计），d 为管道外径，不宜太大，每延米的总面积 A_s 按照式（10.6）计算：

$$A_s \geqslant \frac{N}{700Rf_{sd}} \qquad (10.6)$$

式中：N——一束预应力的张拉力，kN；

　　R——钢束的弯曲半径，m；

　　f_{sd}——钢筋的抗拉强度设计值，MPa；

　　A_s——沿一根管道 1 m 长度内的防崩箍筋面积，m^2/m。

10.8　下弦拱

10.8.1　下弦拱截面形式应与上弦梁截面形式相协调,以利于结合后的构造过渡,并适应下弦拱和上弦梁施工的需要。

10.8.2　下弦拱箱形截面的挖空率宜为 50% ~65% 。下弦拱箱形截面可采用顶、底板和腹板变厚度的构造。拱箱顶、底板最小厚度宜大于 60 cm,腹板厚度宜大于 60 cm。当下弦拱被洪水淹没时,除设专用排气孔外,还应设水流进出孔,孔径不得小于 8 cm。

10.8.3　下弦拱箱形截面拱室内倒角尺寸不宜小于 10 cm×10 cm,现浇箱拱室内倒角尺寸不宜小于 20 cm×20 cm,且均应设置倒角钢筋,倒角钢筋直径不宜小于 16 mm。

10.8.4　应根据扣挂体系的承载能力,确定下弦拱现浇分段长度,同时分段质量应相对均衡。

10.8.5　下弦拱的临时扣索锚固点,应设置在腹板和顶板交叉处。

10.9　主墩

10.9.1　主墩墩身宜采用空心薄壁单肢墩,一方面要满足在各种荷载作用下桥墩强度、刚度和稳定性的要求;另一方面,主墩墩身需具有一定的柔度,以适应由于混凝土收缩、徐变和温度变化等引起的纵向位移。

10.9.2　墩身截面宜采用箱形截面,其顶宽宜为主跨跨度的

1/40～1/30,墩身两侧可按墩高的 1/40～1/30 放坡;主墩的构造尺寸应根据受力计算确定采用等壁厚或变壁厚。

10.9.3 空心薄壁主墩墩底宜设置适当厚度的实心段,以便承台和薄壁墩刚度均匀平顺过渡,建议墩底实心段取 2.5～3 m。

10.9.4 主梁 0 号块横隔板宜具有一定的柔度以适应结构变形,横隔板应与主墩截面对齐布置。

10.9.5 在墩顶一个墩壁厚度范围内宜增设封闭箍筋,以提高该区域的墩身混凝土承压强度。

10.9.6 可采用一些措施调整桥墩受力。通常调整桥墩受力的措施有:合龙前顶推主梁、边跨合龙前后加(卸)载等措施。

10.9.7 宜尽量减小墩底与承台、墩顶与 0 号块、各梁段间在浇注时的相对龄期差,墩底与承台的浇注龄期差不宜大于 30 天,0 号块各浇筑层和各相邻梁段之间的浇注龄期差不宜大于 15 天。

10.10 基础

10.10.1 基础可根据地形、地质条件选用群桩、沉井或地下连续墙的形式,并应符合现行《公路桥涵地基与基础设计规范》(JTG 3363)的规定。

10.10.2 当基础采用群桩基础时,主墩桩基宜为嵌岩桩,在地质条件不允许而只能采用摩擦桩,且地质条件较差时,对 200 m 以上的跨径应进行试桩。

11　施工措施和技术要求

11.1　一般规定

11.1.1　施工单位应针对本桥型特点,编制详细的施工组织设计方案,并严格按照经审查批准的施工组织设计方案进行施工。

11.1.2　下弦拱挂篮应进行专项设计,压载试验合格后方可使用。

11.1.3　施工前应掌握桥址处的历史气象资料和近期的天气预报资料;关键工序应避开可能突发的灾害性天气;合龙施工宜选择在气象条件平稳低温时进行。

11.1.4　施工前,应编制施工组织设计文件,并按批准的施工组织设计和施工实施细则进行施工,其主要内容至少符合下列要求:

　　1)施工现场的总体规划和布置。

　　2)施工总体方案的比较和论证,其中应包括关键施工工序的计算比较和论证。

　　3)施工进度流程的规划和资源调配。

　　4)根据施工过程中存在的安全风险,制定安全操作细则。

5）根据施工组织设计文件,编制施工实施细则。

11.2　上部结构施工工艺

11.2.1　梁拱组合连续刚构桥施工应满足现行《公路桥涵施工技术规范》(JTG/T 3650)的要求。

11.2.2　梁拱组合连续刚构桥一般采用双层斜拉扣挂法挂篮悬浇施工,即下弦拱施工时利用墩身作为锚固或通过转向装置,设置临时扣索,上弦梁在墩顶桥面设临时扣塔挂篮施工,过程如图 11.1 所示。

（a）下弦拱0#段采用托架和主墩一起浇筑

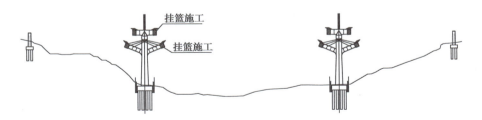

（b）上弦梁、下弦拱采用临时扣索辅助挂篮悬臂浇筑施工

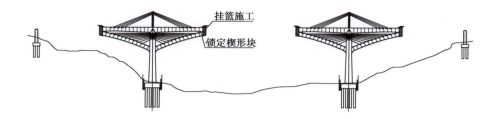

（c）上弦梁、下弦拱在梁拱结合处通过锁定楔形块紧密结合，
形成稳定的倒三角框架受力结构

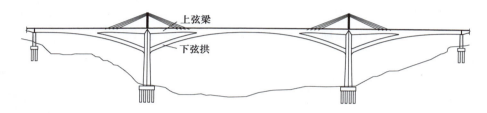

（d）中跨跨中合龙，拆除上弦梁临时拉索及临时塔架

图 11.1　梁拱组合连续刚构桥上部结构施工方法示意

11.2.3　上弦梁、下弦拱临时扣索施工要求

1）临时扣索辅助上弦梁和下弦拱受力历时较长，且在结构体系的成形过程中发挥关键作用，因此必须对临时扣索及其锚固结构进行有效的防腐处理。临时扣索宜采用 PE 钢绞线。

2）临时扣索锚固端需考虑防松脱构造措施。

3）上弦梁、墩柱和下弦拱段内的临时扣索预埋管道可采用预埋钢管加工制作。

4）临时扣索张拉时要求临时塔架两侧的索力差值不超过 10%，临时扣索张拉时机和顺序应满足设计要求。

5）全桥合龙后，应按照与安装顺序反向的原则，对称逐根拆除临时扣索。

11.2.4 主梁施工技术要求

1）箱梁逐段悬浇过程中，梁段混凝土的浇筑、钢束的张拉、挂篮和机具的移动等，均应遵循对称、平衡、同步进行的原则，主梁顶面上应尽量少堆放材料和施工机具，当必须堆放时，应注意悬臂两端对称堆放。

2）主梁悬臂浇筑时，两端不平衡重建议取一个底板自重的1/2。

3）主梁所有纵、横、竖向预应力锚头在张拉完成并压浆后均应及时封锚。

4）除0号块可分层浇筑外，其余主梁梁段应一次浇筑完成，0号块宜分两次浇筑，第一次浇筑的分界面不宜设在结构刚度突变处，宜设置在底板以上4～5 m的位置。混凝土的初凝时间必须大于浇筑时间。

5）主梁预应力体系应采用真空辅助压浆工艺，并对压浆饱满程度进行检查。

6）应控制梁段施工质量，避免梁段接缝处出现裂缝。

7）应严格控制施工中出现的超方，包括结构超方和二期恒载的超方。

8）混梁土梁采用分段施工，新旧混凝土接缝表面必须凿毛、清洗，以保证新旧混凝土结合良好。每段施工缝需将已浇混凝土表面的浮浆凿除，露出新鲜混凝土界面，并凿成锯齿状，保证新老混凝土结合面的混凝土黏结可靠。

9）预应力钢束锚固齿板应与箱梁同时浇筑，以保证齿板与主梁的良好结合。对齿板上的锚具，压浆后应及时浇筑混凝土封锚。

11.2.5　边跨、中跨合龙技术要求

1）边跨合龙、中跨合龙是关键的施工工序，建议按如下原则下进行：

（1）施工全过程均在结构处于稳定变形条件下进行。

（2）施工全过程均在结构处于平衡状态下进行。

2）应根据实际情况，采取安全、经济、合理的施工方法浇筑边跨现浇段。

3）施工时首先施加平衡现浇段混凝土重量的压重（如水箱），安装劲性骨架，张拉临时束，浇筑合龙段混凝土并同步卸除压重重量，待混凝土强度达设计强度的90%后，方可张拉合龙钢束。

4）合龙钢束的张拉应按先长束、后短束的原则对称张拉。

5）在合龙段混凝土浇筑后和永久钢束张拉前，应尽量减少主梁的日照温差，为此可采取覆盖整跨主梁或加强整跨主梁顶部的浇水降温等减少温差的措施。

6）边跨现浇段宜分为二次浇筑，先浇筑 A 段，后浇筑长 2 m 的合龙段 B 段，如图 11.2 所示。

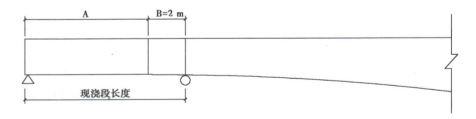

图 11.2　边跨现浇段布置

7）若边跨现浇段采用满堂支架现浇，应对满堂支架进行预压。

11.3　下弦拱

11.3.1　下弦挂篮设计需适应下弦倾斜及变倾角的特点。当采用在下弦拱行走的斜行挂篮时,应设置防止下滑的止推构造。

11.3.2　下弦拱段存在仰角,混凝土施工过程中应注意浇筑顺序,由低向高进行,并适当设置下弦拱段压顶模板。

11.3.3　下弦拱拱脚第一节段宜采用支架法或刚性托架法浇筑完成,应采用提高支架或托架刚度、延长混凝土凝结时间、掺加纤维或防裂钢筋网、加强保温和养护等措施防止混凝土开裂。

11.4　上弦梁

上弦梁施工应满足现行《公路桥涵施工技术规范》(JTG/T 3650) 的要求。

11.5　梁拱结合段

梁拱结合段腹板宜采用一次浇筑,施工缝处混凝土界面应凿毛处理。

11.6　常规梁段及合龙段

11.6.1　常规梁段采用挂篮施工应满足现行《公路桥涵施工技术规范》(JTG/T 3650)对采用挂篮悬浇施工的要求。

11.6.2　合龙段宜采用吊架施工。合龙前可根据需要进行顶推,以减少运营期由于混凝土收缩徐变产生的墩顶位移,改善梁体受力。

11.6.3　合龙段应设置劲性骨架,即合龙前要焊接顶、底板刚性剪刀撑装置,以保证合龙段混凝土浇筑至达到强度期间,其相对位置不会发生变化,并能够抵抗因温度变化导致合龙段混凝土承受拉或压应力作用。

12　施工监控技术要求

12.1　一般规定

12.1.1　梁拱组合连续刚构桥,施工控制应包括主墩控制、梁拱倒三角区空腹段控制、常规梁段施工控制、合龙控制。

12.1.2　施工前应实测混凝土容重、弹性模量,合理确定混凝土收缩徐变等参数和预应力管道摩擦系数等控制参数。

12.1.3　施工阶段应测试各工况下的主梁线形与应力、扣索力等参数,减小与设计目标的偏差。

12.1.4　应根据现场实际情况,按照施工监控方法对主梁和下弦拱节段施工控制高程、主梁和下弦拱立模标高等进行计算,提供正确的数据以指导施工。

12.1.5　各施工阶段的施工过程应进行动态监控,动态监测整个上部结构施工过程中各梁段中线的线形及节点标高。应考虑施工过程中各种施工因素差异,并根据施工控制计算挠度值与实测各梁段节点挠度偏差值的大小和方向采取相应措施,及时调整待浇梁段立模标高。

12.1.6 成桥后线形应控制在±3 cm,应保证线形平顺;梁体应力不超过设计规定限值;临时拉索索力控制在设计索力±5%以内。

12.1.7 线形控制要求

1)主梁和下弦拱悬臂浇筑的成桥线形应为主梁和下弦拱设计线形与预拱度之和。

2)主梁和下弦拱悬臂浇筑线形应为主梁和下弦拱温度修正线形与节段悬臂浇筑线形调整值之和。

3)节段悬臂浇筑线形调整值的计算,应以主梁和下弦拱成桥理论线形为控制目标。需根据悬臂浇筑结构体系在悬臂浇筑过程中的线形变化量,进行线形拟合计算,并确定节段悬臂浇筑线形调整值。

12.2 施工监测

12.2.1 混凝土弹性模量、容重及梁体不平衡重监测

1)混凝土弹性模量的测试主要是为了测定其随时间的变化规律,可采用现场取样的方法,通过万能试验机进行测定。

2)混凝土弹性模量和容重的测量在现场取样时,应实测混凝土容重,采用试验室的常规方法进行测定。

3)梁体不平衡重监测,需对构件截面尺寸和混凝土浇筑方量进行精确监测记录。

12.2.2 线形监测内容主要包括主梁和下弦拱高程控制基准点的复核、中线及主梁和下弦拱标高测量。

12.2.3 应力和温度测试应包括但不限于主梁跨中截面、墩顶截面,以及下弦拱拱顶和拱脚等部位。

12.3 监控计算

12.3.1 梁拱组合连续刚构桥的施工监控计算应包括设计符合性计算、参数敏感性分析、施工仿真与跟踪计算、成桥运营状态验算、施工工序优化计算,并结合实际施工方案、现场材料与结构特殊性,在必要时增加局部计算分析。

12.3.2 施工监控计算应提供下列结果:

1)施工阶段主梁、下弦拱及桥墩控制截面高程与变形;

2)梁拱倒三角区空腹段和梁拱结合段各阶段扣索索力、主梁和下弦拱应力及线形变化;

3)施工阶段主梁、下弦拱及桥墩控制截面应力;

4)主梁、下弦拱的施工阶段及成桥阶段预拱度设置参数;

5)主墩预抬高量参数;

6)合龙时的结构配重、顶推力(或位移)等参数;

7)跟踪计算模型在运营阶段桥梁内力和变形状态。

12.3.3 合龙顶推计算应综合考虑合龙温度、收缩徐变的影响,以尽可能减小成桥状态主梁收缩和长期徐变的内力,合理确定顶推位移量及顶推力参数。